JN439476

平和의 使徒

시인 원신상

그대 조국의 명예를 걸고
인류의 평화를 위해
멀리 월남 전선에서
꽃다운 젊음을
불태웠노라

정의의 횃불을 들고
평화를 유린하는 곳에
사랑과 봉사로 터를 잡고
자유와 행복을 지켰노라

인간의 고귀한 생명 위해
민주의 불타는 정열은
인류 평화의 선봉으로
월남 참전의 결의를
밝혔네라.

평화의 사도

원신상

그대 조국의 명예를 걸고
인류의 평화를 위해
멀리 월남 전선에서
꽃다운 젊음을
불태웠노라

정의의 횃불을 들고
평화를 유린하는 곳에
사랑과 봉사로 터를 잡고
자유와 행복을 지켰노라

인간의 고귀한 생명 위해
민주의 불타는 정열은
인류 평화의 선봉으로
월남 참전의 결의를
밝혔네라

◀「평화의 사도」(거제시 공설운동장 뒤)

「무공사」(거제시체육관 옆)

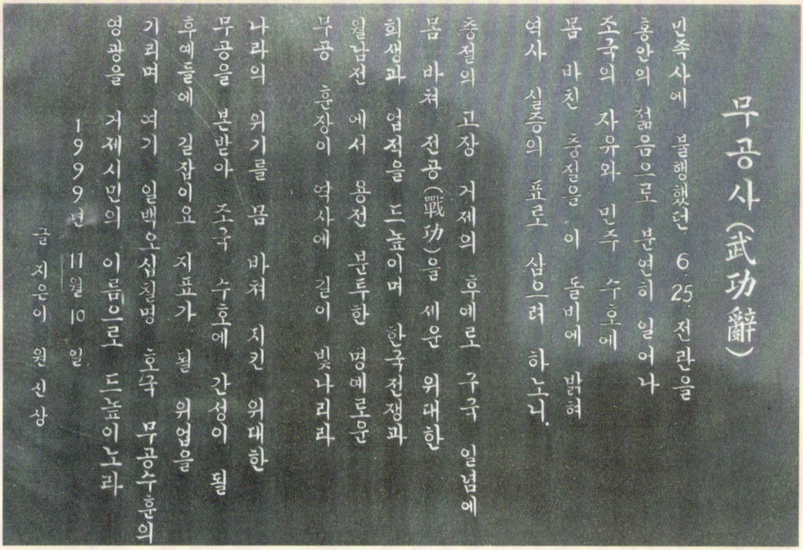

무공사(武功辭)

민족사에 불행했던 6·25 전란을
홍안의 젊음으로 분연히 일어나
조국의 자유와 민주 수호에
몸 바친 충절을 이 돌비에 밝혀
역사 실증의 표로 삼으려 하노니

충절의 고장 거제의 후예로 구국 일념에
몸 바쳐 전공(戰功)을 세운 위대한
희생과 업적을 드높이며 한국전쟁과
월남전 에서 용전 분투한 명예로운
무공 훈장이 역사에 길이 빛나리라

나라의 위기를 몸 바쳐 지킨 위대한
무공을 본받아 조국 수호에 간성이 될
후예들에 길잡이요 지표가 될 위업을
기리며 여기 일백오십칠명 호국 무공수훈의
영광을 거제시민의 이름으로 드높이노라

1999년 11월 10일

글 지은이 원신상

무공사

원신상

민족사에 불행했던 6 · 25 전란을
홍안의 젊음으로 분연히 일어나
조국의 자유와 민주 수호에
몸 바친 충절을 이 돌비에 밝혀
역사 실증의 표로 삼으려 하노니

충절의 고장 거제의 후예로 구국 일념에
몸 바쳐 전공戰功을 세운 위대한
희생과 업적을 드높이며 한국전쟁과
월남전에서 용전분투한 명예로운
무공훈장이 역사에 길이 빛나리라

나라의 위기를 몸 바쳐 지킨
무공을 본받아 조국수호의 간성이 될
후예들의 길잡이요 지표가 될 위업을
기리며 여기 일백오십칠명 호국 무공수훈의
영광을 거제시민의 이름으로 드높이노라

1999년 11월 10일

「아우르기」(양지암 조각공원)

아우르기

원신상

하늘 바다 바람 태고로운 섬
환상의 비경으로 살아온 향토
조상으로 물려받아 살아갈 터전
곱고 아름답게 살아갈 때에
튼튼한 거제인의 이상이 있다

흙이 숨쉬고 골짜기 물이 살아
새들 노래하는 푸른 꽃동산에
노루 사슴 까투리 아우러진 곳
생명의 강물 춤추며 흐를 때
숭고한 거제인의 희망이 있다

너와 나 모두 자연으로 돌아가
우리 한마음으로 아름답게 살 때
참고 아끼고 사랑하는 마음들로
주고받은 자연의 거룩한 혜택에
자유 평화 번영의 길이 거기 있으리

「거제포로수용소 유적관」(거제포로수용소유적공원 본관 앞)

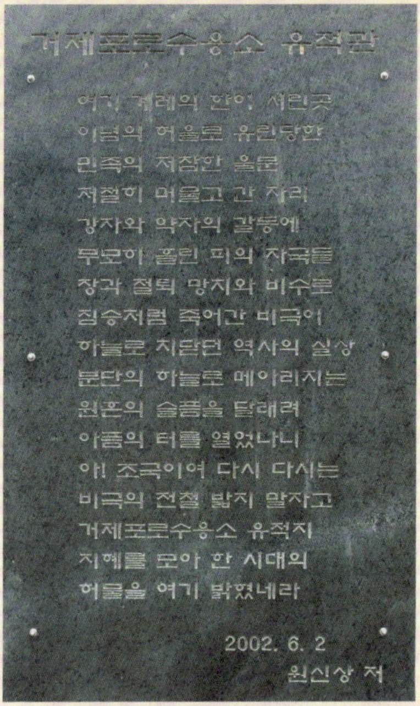

거제포로수용소 유적관

여기 겨레의 한이 서린곳
이념의 허울로 유린당한
민족의 처참한 울분
처절히 머물고 간 자리
강자와 약자의 갈등에
무모히 흘린 피의 자국들
창과 철퇴 망치와 비수로
짐승처럼 죽어간 비극이
하늘로 치닫던 역사의 실상
분단의 하늘로 메아리지는
원혼의 슬픔을 달래려
아픔의 터를 열었나니
아! 조국이여 다시 다시는
비극의 전철 밟지 말자고
거제포로수용소 유적지
지혜를 모아 한 시대의
허물을 여기 밝혔네라

2002. 6. 2
원신상 저

거제포로수용소 유적관

원신상

여기 겨레의 한이 서린 곳
이념의 허울로 유린당한
민족의 처참한 울분
처절히 머물고 간 자리
강자와 약자의 갈등에
무모히 흘린 피의 자국들
창과 철퇴 망치와 비수로
짐승처럼 죽어간 비극이
하늘로 치닫던 역사의 실상
분단의 하늘로 메아리치는
원혼의 슬픔을 달래려
아픔의 터를 열었나니
아! 조국이여 다시 다시는
비극의 전철 밟지 말자고
거제포로수용소 유적지
지혜를 모아 한 시대의
허물을 여기 밝혔네라

「포구」(장승포, 능포 해안도로)

포구
—장승포항

원신상

바다를 열고 여기 안온하게
님의 가슴으로 태고를 다스리던 곳
지칠 줄 모르는 파도에 익힌 삶터

만선의 깃발이 환희로울 때
더더욱 인정이 풍요롭던 곳

떠나고 돌아오던 뱃고동 소리에
만나고 헤어지던 누나여 형이여

밤이면 별빛 쏟아지던 포구로 돌아
불빛 어지럽던 다정한 이야기들

만선의 깃발은 석양에 물들어
잠 못 든 등대를 돌아 안기어 오길
포구는 가슴 열어 지금도 기다린다

—임오년 여름

강물로 띄워

南雲 원신상 제11시집

도서출판 경남

■辨

다시 또 열한 번째
시집을 엮으면서
시와 더불어 살아온
한 생의 모습을
아름다웠다고 자인해 본다
시가 있었기에 견딜 수 있었고
시를 통해 분노도 기쁨도
소화시킬 수 있었던
시인의 삶이 행복했노라
이젠 팔순의 고비를 넘고
다한 삶의 끝자리에
곱게 물드는
아름다운 노래들로
머물 수 있는 황혼에 젖은
이 시편들을
세월의 강물에 띄우련다
그럼… 안녕! 사랑이여

—기축년 가을 南雲 元信常

| 차 | 례 |

제1부 멀어서 그리운 것

제2부 억새로도 좋아라

제3부 봄은 온답디까

제4부 밤인 양 하오리다

제1부 멀어서 그리운 것

고향 생각

성 아래 신작로 큰길 밑
파란 바닷바람 불어와
너른 들 청보리 물결치는 곳
내 살던 사등이 그립습니다

장다리 노란 꽃들이 피고
신록이 어우러질 무렵이면
냇가 큰 버드나무 일곱
그 기세로 돋보이던 마을

자운영 꽃 붉게 핀 들판
들길에 꽃 지천으로 피어
아침이면 풀잎에 맺힌 이슬에
바짓가랑이 젖어도 좋던 그 길

지금 낯선 사람들
고향에 정 두고 온 줄 모르고
그리워 눈에 아른거리는
어릴 적 먼 향수가 그리워라

다시 그 길목에서

다시 그 길목에는
개나리가 피려 합니다
목메어 바라보는
목련꽃 봉오리들이
울타리 너머 애처롭습니다
봄 그리던 우리네 사랑
계절로 돌아오지 못하는
이별의 아픔이 되고
사랑의 현실에
삶이 서럽습니다
봄 동산에 진달래 피면
천지가 화사하여 눈부실 때
우리의 가슴은 굳게 닫혀
봄의 향연을 거부하겠지요
또 오월 어느 날 모란이 지면
잊지 못할 그리움에
눈물지겠지요
올해도 다시 그 길목에는
개나리가 피고 있습니다

멀어서 그리운 것

멀다 참으로 멀다
가까운 것은 가라

그것들은
떠날 것을 나는 안다
내게 너는 멀어서 좋다

좋은 것은 슬퍼서
더욱 아름답고
아름다운 것은
그리워 더욱 멀다

산다는 것은 그런 것
그런 것으로 고뇌로운 것

아름다운 것은 더욱
값진 것으로 채워질 수 있는
보석보다 더욱 소중하여
목숨을 거는 것

그것은 멀다
아득해 밤하늘 별빛보다
먼 하늘 멀어서…
멀어서 그리운 것

기다리자

기다리자
가는 것은 모두가
오는 것이다
잠자코 기다리자
만남의 기쁨을 기대하며
그 기쁨에 기다리는 거다
보라 아침 해가 오르며
눈부신 빛발에 밝은 세상을
아침을 여는 대지에
살아 있는 생명들의 약동을 보라
모두는 살아 있어
아침을 기다리지 않는가
삶은 기다리는 자에 열리는
행복인 것
참고 견디는 자에 오는
행복인 것
기다리자
가는 것은 모두가
다시 돌아오는 것

잊으시오

잊히면 잊으시오
밝은 유리알처럼
지우고 잊으시오
잊어서 편안하면
그런대로 지내시제

잊으려면 진작 잊어시제
시퍼런 멍들게 하고
서러운 천성으로
구성맞게 하여
아픔도 지우고 상처도 지우소서

잊히면 모두 잊으시오
곱게 지운 가슴
흠 없이 밝히시고
산 듯한 삶의 흔적
꽃향긴 양 하옵소서

시계 · 2

자정
멈추지 않는 시침은
분침을 재촉하고
불면의 사연이사
알 바 아니라며
제 본성의 회전에
밤을 가늠하고
고독한 영혼의 무덤을
침묵으로 감싸고
모두가 정숙한 지금
벽에 걸린 시계만이
살아 움직이고 있다

열린 하늘

열린 하늘
열린 들
어디에 그대 불러
불러 좋으리

아득히 머나먼
하늘 아래는
열린 하늘 열린 들
열린 세상입니다

불러서 아득한 그대 그리움
저녁노을 곱게 물듭니다
불그레 열린 하늘 물듭니다.
그리워서 눈시울이
붉어집니다

나의 밤

밤이여
긴 나의 밤이여
세월로 쌓이는
고독한 나의 밤들이
얼마로 쌓여야
끝나는 건지
허구한 밤들에
시달립니다
이제는
그대 그리움마저
슬픈 나의 운명으로
밤의 저편에
지워진 그림자가
되었습니다.

가 네

가네
모두가 가는 곳으로
그렇게 가고 있네
떠들고 야단스럽던
사람들의 스산함이
그렇게 가고 있네

지나가는 것
수다스럽던 호들갑이
흔적 없이 스쳐가는 것
추석도 가고 그리움도 가고
차던 달도 기울어지네

가까워지는 것은
또 낯선 허무의 실상들
그도 지나는 습성으로 다가와
실없이 지날 것들
한 줄기 바람인 것을

세 월

대관령에 눈 쌓이고
고운 단풍 지운다더니
가을로 곱게 기다리던
이 마음 겨울로 묻어지랴

세월을 참고 그리워하며
고운 꿈 집 꾸며 놓고
단풍 빛 물들어 눈부셔도
싸늘한 흰 눈 덮일 것을

올겨울 닥칠 추위
밤마다 문풍지로 울고
다시 먼 봄날 기다려
설운 세월 살아야 하네

광안대교

바다를 긋고
차가 달린다
광안해수욕장을 품고
긴 교각들이 파도를 탄다
아침 햇살에 눈부시더니
밤이면 불꽃을 피운다
장관인 운치가
파도를 타고 춤을 춘다
달리는 차에 신이 나서
갈매기 어울려 날아들고
여기 세기의 꿈을 꾸는
아름다운 항구로
발돋움한다

떠나자

떠나자 머뭇거리지는 말자
가을을 헤치고 바람을 타자
하늘을 떠도는 구름처럼
서둘지 않는 여유로움에
가슴과 가슴으로 안아 들이자

가만 만나는 인사들을
가을 향기로 싱그러운
가을 맺음의 풍요같이
아무나 정겨운 인정들로
너와 나 함께 가슴을 열자

어디쯤 저무는 가을 길에
우리 만나 해묵은 사랑을 하자
서럽고 외로웠던 슬픈 이야기는
가을 향기로 깊이 묻어 두고
뜨거운 가슴에 사랑을 잉태하자

– 2006. 9. 21. 모처럼의 나들이

꿈

꿈이던가?
꿈이라도 좋을시고
생시가 아니라도
꿈속에서나 자주자주
꿈에라도 행복 주소

간밤 설친 잠에
낮잠 잠시 들어
꿈길에 이룬 사연
생시 마냥 선연하여
꿈이라도 기쁜 것을

꿈속에 이룬 것을
이야기로 엮어 새겨
밤새도록 나눈 것을
천장에 새겨두고
곰곰이 생각하는 기쁨이여

고향집

나지막한 초가집 귀퉁이에
동그랗게 자리 잡은 장독대
장대로 둘러싸서 세운 울
아침이면 바알바알 기어 감긴
나팔꽃 예쁜 꽃이 반기면
시샘한 호박넝쿨 기어들던 곳
뒷간 오갈 때 옷깃 스치면
소리 없이 웃어주던 향촌의 집
꿈같이 피어나는 여름 아침
향촌의 나지막한 시원한 토담집이
곰곰이 생각나며 그리워진다.

내일이 있기에

그리다가 그치듯이
안녕을 빕니다
상처 진 가슴을
달래는 것은
또다시 당신을
그리워할 까닭입니다

밤이 다가오면
새벽이 열리듯이
그리움이 종일
머물다 간 하늘이
어두워지는 것은
내일이 있기 때문입니다

내일이 있기에
오늘의 안녕을 빌었습니다
이토록 기막힌 외로움을
견딜 수 있는 것은
내일이 또다시
있는 까닭입니다

기다림

산 너머 고갯길에
봄이야 온다는데
아지랑이 흐린 안개구름 속
개나리며 진달래가 피어나겠지

기다리는 마음에 봄이 온다 한들
당신이여 걸어오시는 봄이 오소서
서운한 마음 일지 않도록
산 너머 고갯길로 걸어오소서

오는 봄 저 틈에 장다리 꽃길
너울너울 나비춤 닮아오소서
진달래 꺾어 들고 분홍빛 속
봄 자락 끌고 걸어오소서

산 너머 고갯길로
봄은 온다는데
기다리는 마음이
불안합니다

나의 자리

돌아와 나는
나의 자리에
세월로 앉는다
어제가 오늘이 되고
또 내일이 되려 한다
어쩔 수 없이
운명으로 살아야 하는
어제들이 오고 있다
기구한 사랑이여
세월이 간다 한들
개의치 않고
나는 나의 길로
가는 수밖에 없어
오늘도 어제와 같이
올해도 지난해처럼
나의 자리로
곱다시 돌아드는
허다한 일상들

원죄

밤입니다
어김없이 밤은 찾아와
혼자 머물 방에 가둡니다
어쩔 수 없이 순종하는
천성이 되었습니다
사랑의 원죄 때문에

오늘밤도
전등 하나 밝혀 놓고
죄목을 들추어
스스로 형벌을 논고하며
고통하렵니다

어느 참회에도
용서받을 수 없는
운명의 길이 요원하여
종신토록 고독에 싸이렵니다
그것이 속죄의 길이라서
사모하는 운명이 되었습니다

기 억

아침 햇살에
풀잎 이슬이 빛나고
논밭 사이 좁은 길을
꼬불꼬불 걸어가면
옥수수 키보다 크게 자라
들숲을 이루던 곳
세벌맨 벼논 갸름하게
펼쳐진 들판 거기
시냇물 흐르는 작은 개울
미꾸라지 송사리 자유롭던 곳
멀리 높은 숲을 이룬
들 가운데 초등학교 길에
어깨에 책보를 메고
삼삼오오 짝을 지어
등교하던 어린아이들의
즐거운 발길
아침이 익숙하여 배고픔에
입맛 당기던 밥상 앞에
모여 앉은 많은 식구들이
지난날의 기억으로
지금을 사로잡는다

해 질 때면

일몰의 거리에서
너는 돌아가야 하나니
기다리는 사립은
허물어진 싸리 집일레라

기다림도 없는
헐린 골목
돌아갈 발길마저
방황하는 영혼으로
머뭇거리는 거리

어둠이 오는 거리로
너는 와서 손을 내밀라
지금은 적은 유인에도
나를 버리고 너를 따르리

내 고향 사등

내 고향 사등 성내
유년 소년 꿈 많은 시절
그 여름날 물장구치고 놀던
동네 앞 신작로 큰 냇가 다리 밑
은어 붕어 헤엄쳐 놀고
하늘 찌르던 높은 버드나무
푸름 속에 숨어 울던 매미 소리
넓은 돌들 깔린 강둑에
홀딱 벗고 놀던 어린 동무야
지금도 아스름한 기억 속에
이맘때면 붉은 나리꽃
원추리 꽃들로 소박하던 성벽
꿈같이 그리운 옛집에는
지금쯤 풋감이 맺히겠네
가고파라 살고파라
사등 성내에
옛 모습으로 살고 싶어라

헌 집

살다 버리고 간 집에
남아 사는 늙은 감나무
잎 진 감가지에
까치 종일 놀다간다

허물어진 울타리에
담장 넝쿨 얽혀서
안팎이 구별 없이
바람 길이 거침없다

집 떠난 자식놈 어디 사는지
살다 뜬 할아버지 손때 묻은
문지방 그을림에 검은 자국이
세월에 허기진 채 말라 있다

향이 아이들

간밤에 다녀간
꼬마들 얼굴이
가을 울 호박꽃보다
또렷하게 훤하다

홀로 사는 집에
홀로 살게 그냥 두지
소란들 어질러 놓은
기억의 긴 그림자
가슴에 잠재운다

훌 왔다 떠난 자리
밤새도록 찬바람 일고
잠 못 이룬 창밖엔
별들만 빛나노라

소 일

빈집에 두 사람
그림자가 가득하다
더하지 못해
모두가 부족한 듯
아쉬운 눈빛으로
종일 바라보고
정적을 잘라먹는
머물지 않는 시침이
바쁜 듯 달린다
하루가 너무 허무해
하루를 잃어버린다
삶은 모두가 그런 것

가는 길

가자 바람처럼 가자
천리길도 단숨에 가자
누가 붙들까 누가 막을까
가고픈 마음 날아가듯
강물의 흐름같이 비껴가자
가서 만날 그곳에
곱게 머물 나의 가슴아
만나 기쁜 것 제쳐두고
반가운 이야기 풀어 낼
고운 물결인가 바람인가
아침 해 겨우 잡고 해 지기까지
오늘 하루 먼 천리길
가다 지치면 쉬어가고
가고 가고 말 이 발길이여

강물 위의 애상

맑은 강물 위에
가을이 떠가네
세월의 물결이
가을을 싣고 가네
우리의 사랑도
강물 위에 떠가네

얼비친 하늘 구름 한 자락
맑은 강물 위에 흘러가네
밤이면 별들이 내려와
정답게 반짝이는
이야기들로
강물은 가을을 싣고 가네

사랑하는 사람아
우리도 강물 되어 저리로 가리
가을에 실려 강물을 따라
호반의 밤하늘 가슴에 품고
잔잔한 물결 타고
밝은 달빛 오르리
밤을 기다리리

하나이고 싶어

하나이고 싶어
꼬이고 서린 칡넝쿨같이
엉킨 굽이침이
수없이 꼬이고
하나로 한 몸으로
살 돋움 하여라

하나이고 싶어
밤새워 엉킨 자리
따뜻함만 비벼 놓고
제 몸으로 돌아서는
제 하나 제 하나

죽어서 묻히면
흙으로 하나 될까
하나이고 싶어
꼬여 엉킨 따뜻함
마음 하나 비벼 놓고
제 하나 제 하나

가리다

거칠 것 없이
황폐한 길을
지팡이 하나 짚고
황혼 길을 터벅이고
걸어가리
말이 있던가
누가 참견할 것인가
바람 불면 바람을 맞고
눈비 오면 눈비에 젖어
마른 풀잎 사이
돌담을 돌아
언덕을 넘어
얼어붙은 강을 건너
고난에 자유로운 곳
모든 것을 잊고
모든 것을 버리며
홀가분하게
한줌 흙에서
향수를 느끼며
눈물 없이 가리다

아침 창가에서

아침 창가에 해가 오를 때면
해설픈 밤의 그리움을 지웁니다
산에 늘인 숲과
들판에 지천인 풀꽃들에게
이유 없는 생육의 모습을 봅니다

흘러가는 강물에서
가야 할 일에 충실하여
뒤돌아볼 겨를 없음을
나도 여기 아침의 생동에
오늘을 편승하여
삶을 보내렵니다

밤의 고독한 심상을 지운
아침의 햇빛 앞에
당신의 따가운 눈빛을 봅니다
나약하지 말자고
어린아이처럼
타이릅니다

그리움

언제나
보이는 것은
파란 하늘이다

맑은 눈에 차는
파란 하늘이다

목마름이여
허기져 오는 목마름이여
부를 수 없는 벙어리의 목마름이여

몰래 몰래
홀로 다독여야 하는
아픔을
누구를 들어
말하리오

홀로 다독여야 하는
이 아픔이여

제2부 억새로도 좋아라

억새로도 좋아라

가을 언덕 찬바람에
나부끼어 흔들리는
새하얀 억새로도 좋아라
꽃이 아니더라도
꽃이 아니더라도
하얀 억새로도
나부끼어 좋아라
죽어 간다면
억새로도 좋아라

국화 분 앞에서

화려한 왕관도 표방 못할
순금의 빛보다 눈부시어라
너는 어디로 와서 국화로 피어
해마다 겨울 앞에 의젓하느냐

비록 한 포기 풀꽃으로 가꿈 받은
네 모성의 전설 같은
어느 시절의 영화로 하여
영혼의 배려로 환생하느냐

깨물어 껴안을 수 없는
나약한 미모로도 강인한
화분에 고이 올라 핀
범접 못할 영화의 꽃이여!

소 국

저 짠한 국화꽃이
노랗게 계절의 서릿발에
오들오들 떨고 있다

어쩌다 늦게 열린
그 마음속에
서러움 가득 피멍 들었구나
모진 가슴 죽음에 맞선 것아

간밤에 잠 못 든 몸부림이
그리움에 서러워 깨어 있어
그 마음 노랗게 물들고
서릿발에 살아갈 외로움아

산까치

산까치 한 마리
비에 젖어 나뭇가지 위에
꼬리치며 지저귄다
그의 언어는 어느 방언인가
애타게 울부짖는 것은
필연 가슴에 맺힌
부르짖음인데
도무지 알 수 없어
바라만 본다
더더욱 나의 가슴을
들여다보며
꼬리치는 지저귐은
나의 책망으로 여겨져
저 말 못 하는 날짐승마저
이 어리석음을 탄식하는가
아득한 그리움에 지쳐
이대로 곯아 죽는 무능함을
눈에 핏발이 서도록
울어 꾸짖는다

봉선화

어릴 적
초가집 모퉁이
장독대 둘러 핀 그 정갈함
열두 새 모시 치마저고리
산뜻이 다려 입은 매무새에
땋은 머리 갑사댕기 드리우고
보랏빛 옷고름 접어내린
하얀 버선발
그 누이같이
세월의 긴 잊음 속에서도
너는 어찌하여 여기
아파트 뜨락 돌담 새에
옛대로 피어
붉은 꽃잎 드리우고
늙은 내 누이
손톱에 물들이고파
지금을 찾아
두리번거림같이
이렇게 찾아든
봉선화(봉숭아꽃)인가

도라지 꽃

가을 길을 열어놓고
도라지꽃이 피었습니다
하얀 저고리 보라 치마
조선의 아가씨가
오실 계절 부릅니다

무더운 여름 보내옵고
산뜻한 가을 오신다고
바람 타고 흔들려서
고운 맵시 뽐내며
조선의 아가씨로
정갈하게 피었습니다

들에도 산에도 흩어져서
조선의 지킴이로 남아서 좋을
이 땅 영원한 겨레 꽃으로
늘 아름답게 피고 지면서
이 나라 민족혼의
꽃이 됩니다

낙화에서

간밤에
비 내려
곱게 진
꽃잎들에
얼룩진 상처
순간으로
피고 지듯
따라 생각하는
그날의 상처들
이별 같은
아픔이여
수없이 깔린
하얀 목련 꽃잎에
수없이 흩인
추억의 상처들
세월의 궂은비에
이렇듯
지고 갔네

라일락

간밤 궂은비에
라일락 꽃 무리 젖어
휘인 가지마다
흰 이 드러내고
살포시 웃음 짓고
봄나들이 가는 길에
향기 흘러 향긋하다
젖은 치마
옥양목 저고리가
가슴살 당겨
분 내음 나는 아가씨같이
뜰에 퍼진 네 향기
올봄도 그대 대신
너만 와서 피어지고
너만 피어 향기롭다

꽃 길

파란 보리밭 들길 사이로
사월은 꽃길을 열어
떠나려 한다

꽃잎 흩날리는 그 길을
그대 손잡고 떠나려 한다

매화꽃 향기와
벚꽃의 화사함에
그대 손잡고 떠나려 한다

노란 산수유며
목련꽃이 간간이 늘어선
사월의 꽃길에서
아름다운 사랑의 이야기를
꽃 피우려 한다

새순 올라 신록이 욱기 전
진달래 붉은 언덕길

노란 개나리 핀 강둑길로
그대 손잡고 정답게
꽃길을 떠나려 한다

들 꽃

말 없는 풀꽃이라
그리움이 없으리오
서린 한이 환생하여
꽃으로 피었으리
아름답게 저린 가슴
피멍인 듯 피었으리
아름답게 저린 가슴
피멍인 듯 피었으리
가을 길에 늘어선
가을꽃이 곱지요만
그리움에 설운 가슴
저리 곱게 피었는가
올가을 길도
저만 피고
시들 것을

동 백

겨우내 영글어
주춤하여 기다리다
설 찬 봄소식에
소망스런 기쁨으로
붉고 곱게 피느니
그새 몽탕 송이들이
무너진 듯 흩친 낙화
시퍼렇게 멍들었다
순정에 목마른 죽음
밤새 분 아래 흩었어라
쓸어 치우기 안쓰러워
따뜻한 봄날까지
그냥 두고 보며 살던
그리움의 옛 시절
너로 하여 가슴 깊이
묻어둔 아가씨야

장 미

저기
오월의 언덕에
젊은 나이의 내 심장이
걸려 있다
눈부신 피를 머금고
때 묻지 않은 순결의
가슴 하나 걸려 있다
아! 오월의 태양에 맞서
환희를 노래하는
정열의 꽃이여!
그날의 내 사랑
뜨거운 입맞춤에
불타던 가슴…
저기
오월의 언덕에
젊은 날의 내 심장이
붉게 피었다

제3부 봄은 온답디까

봄은 온답디까

봄은 온답디까
언제쯤 온답디까
해마다 오는 봄은 봄이지만
우리네 봄도 봄으로 온답디까

아직도 동짓달 선 겨울
살아도 한창 살아 기다릴
올봄은 강남에서 오며
허물어진 강둑에도 봄은 온답디까

우리네 세상 잊은 세월에도
또다시 꽃 피고 새 우는 동산
꽃잎 흩치는 봄바람에 날릴
우리네 행복할 봄도 온답디까

비 오는 날은

비 오는 날은
비가 와서 좋아라
혼자 사는 창가에
울적한 마음
내 곁에 비가 내려
아픔을 함께하여 좋아라
외로울 땐
더더욱 비가 오는 것은
좋아라
누군가가 저기서
흐느끼고
이 마음 젖어 오는 것을
외로움에 젖는 것은
외로운 자의 아픔으로
더욱 좋아라

소나기

여름밤을
떼 지어 와서
소란스런
가시내야
밤을 두들겨서
불러 불러
헤집다가
불 밝혀
창 열면
도망쳐간
가시내들
밤새도록
잠 못 들게
소란 피운
저 애들을
달래다가
놓쳐버린
말괄량이
가시내들
잠들라면

심술부려
두들겨 오는
소낙비야

밤 비

밤비 두들기는
밤비 소리에
홀로 흐느끼는
먼 모습을 새겨본다
소리 없이 통곡하는 아픔이
창살에 부딪혀 무너지고
밤을 울어 새는
나약한 영혼들이
외로운 가슴으로
수없이 쏟아지는
저 빗방울 빗방울들
젖어드는 아픔은
빗물로 모여 강으로 간다
흘러 흘러 끝없이 가고픈
물길을 따라 흘러가리라

산은 말 없어라

산은 말 없어라
저리 푸르고도 말 없어라
가난도 풍요도 실없다고
혼자 비우고 혼자 채워
산은 산으로 말 없어라

공생하는 수풀은
탓하지 않고
저마다 주어진 자리
뽐내며 형편대로 펼쳐진
어우러져 말 없어라

헐벗은 겨울 죽은 듯하다
봄길로 다시 살아 오른
소생의 목숨들로
말없이 우거지고 풀어지고
산은 말 없어라 산으로 말 없어라

사월의 향수

청보리밭 사이사이
노란 장다리꽃
꼬불꼬불 들길 따라
노란 나비 춤추고 가는
사월 들길이 눈부십니다

못자리 무논배미
개구리 소리 요란해도
버들가지 바람 타고
연초록 하늘거리는
사월이 눈부십니다

내 고향 사월 마을 앞에
시냇물 맑게 흘려 놓고
봄나물 씻어드는
사월의 향기 그득한 마을
조용히 눈 감고 그려봅니다

별

밤하늘 허공에는
별들로 가득하다
빈 가슴 보석처럼
꽃으로 피어난다
외롭지 않을 가득한 하늘
세상을 떠난 친구들이
밤하늘에 피어
저들의 밀어들로 속삭인다
힘들게 살아본 옛이야기로
가여워하는 눈빛들이
밤하늘에 가득하다

밤은 별들로 하여

외롭고 긴 밤을 별들로 하여
아름다운 이야기들로 정겨워라
세상 이웃들이 고이 잠든 밤을
하늘을 바라보는 그리움의 습성에는
잠들지 않는 별들이 있어 정겨워라

잃어버린 나의 사랑 이야기와
어릴 적 다정했던 동무들의 모습
힘들고 어려울 때 도움 주던 사람들
모두가 하늘나라 별들로 있어
새롭게 만나는 반가움에 좋아라

오늘밤도 멀리 빛나는 별 하나
너는 나에게로 다가와서
근심의 눈빛으로 비춰 오나니
우리의 사랑 이승에서 못 이뤄도
하늘나라의 별들에게로
아름다운 사랑 꽃피우게 하네

진눈깨비 흩치는 날

빈 들판으로
진눈깨비 흩치는 날
육중한 산들이 실눈을 감는다
아직 봄은 아득한데
오마던
시월의 기별도 허사로
지나간 지금
기다릴 것은
기다리지 않는
것으로
편안한 지금
쓸쓸함은
쓸쓸함을 위로
차디찬 진눈깨비
흩날려서 좋은
단념의 진눈깨비
흩날린다

은행잎새들

뒤뜰에
은행잎이 소복이
쌓였기에
지나던 발걸음을
멈추고 바라봅니다
곱고 아름다운
노란 잎새들이
꽃잎처럼 흩날려
죽음인 듯 쌓였기에
그 속에 내 영혼
묻어 두고 잠들고파
노란 은행잎에
같이 물듭니다
지고 또 지고
무시로
떨어지는 은행잎에
나도 함께 흩칩니다
노란 고운 빛에
그도 지고
나도 집니다

가을 하늘

가을 하늘
그리움이
실없이 아파라

알알이 영근
석류 알로
붉게 터져라
붉게 터져라

푸른 꿈
푸른 하늘
푸른 그리움

지워도
지워지지 않는
가을 하늘이여

별 하나

별 하나
밤마다 창가
문안 드리네
여린 별빛이 멀어서
눈빛으로 근심에 찬
다정한 빛은
이 밤도 안녕을 이야기하네

별 하나
밤하늘에 찾아드는
그리운 사랑의 빛으로
밤마다 창가에 다가와
근심의 눈빛으로
속삭여 오네

별아
아득한 별아
고요한 밤하늘에 반짝이며
이 밤을 속삭여 내게로 와

아름다운 사랑의 수심에 찬
다정한 이야기로
밤이 짧아라

매 미

우는 천성 못 버려
울어 지칠 세월을
한여름 불볕더위
아파트 벽에 붙어
울어주는 저 울음아

푸른 숲 시원한 곳
노래처럼 못 울어도
한여름 도심 속에
청승맞게 우는 것아

애터진 그리움이
그냥 죽어 서럽다고
우는 천성 되었느냐
한여름 그리움을
나를 들어 네가 운다
가을로 물들게 하나

지금 산야에 깔린
성숙의 제전 앞에

삶의 허울을 벗어 버린다

진실로 내게 허물이 있다면
풀잎의 성숙에도
머리 숙이게 하라

살아 있다면 충실을
체험하는 순간
나도 가을로 변신하게 하라

인간의 조잡함을
문화의 구실로 삼으나
자연의 도도한 흐름은
어느 한 가지 무리 없어라

순리에 흐르는
시간의 역사이거늘
지금 산야에 깔린
성숙의 제전 앞에
나도 가을로 물들게 하라

여름밤

여름밤이 깊어지면
바람 한 점 시원하고
잠 못 이룬 짧은 밤을
너와 같이 있고파라

우리들의 다정한 이야기는
밤하늘 별들의 이야기
꿈을 나눌 사랑을 싣고
밤마다 노 저어 가리

여름밤이 짧다지만
이 한밤도 족하건만
멀리 어이 너는 있어
날 찾아 못 오시나

여름밤이 깊어지면
바람 한 점 시원하고
잠 못 이룰 긴 밤을
너와 같이 살고파라

고추잠자리

빨간 것은 홍안의 빨간 고추잠자리
허공을 순례하는 작은 날갯짓
폴폴 날아 바람 타고 앉았는가
가을 하늘 허공을 헤매인다

장대 끝에 몸 대일까
발 뻗고 버티다
불볕 하늘 푸른 허공
떠돌아드는 순례자여

몸 상하고 흠질까봐
탈탈 털고 뿌리치며
풀잎에 이슬 얻어 마시고
살아도 살아지는 저 습성

어느 하늘의 훈계로 하여
못 거스를 계율로 곱게 지닌
순하디 순한 천성 하나로
끝없는 허공의 순례자여

봄의 환희

너는 듣느냐
저 소리 없는 아우성을
저것들은 영도자도 규례도 없이
일제히 솟구쳐 외치는 소리

네게 보이느냐
만상에 자리잡은 데서
고른 질서에 성실하여
도적같이 일어서는 것들

저항도 분노도 규탄도 아니노라
아무도 제 것으로 탐하지 않는
생명의 근원들로 찾아가려는
저 보배로운 사랑의 역사들

우러러 하늘에 감사하며
연약한 육신의 건강을 노래하라
값없이 주는 섭리에 감사하며

봄으로 오는 환희를

너는 듣고 보아라
그리고 네가 선 그
대지에 입맞추어라

봄비라서

오려무나 꿈같은
그리던 그 봄날들이
보슬대는 겨울비가
봄을 깨울 봄비로 오네

창밖에 깔린 어둠
밤비로 젖어들며
그리운 이 깨워 부를
봄을 깨울 봄비로 오네

아직 겨울 깊은 잠에
죽어 사는 그리움아
봄비로 깨어나라
새싹처럼 솟아나라

올해도 봄은 온다느니
오는 비가 수상하다
겨울비가 봄이라서
가슴 먼저 들먹인다

낙엽의 순결

노란 은행잎이 고운 바람결에
떨어져 쌓인 곳에
흩치듯 또다시 쌓입니다

곱게 지는 낙엽에서
지는 순결이 아름답기에
저처럼 지며 떠나고 싶습니다

노란 잎이 또 하나 지며
저리로 지는 낙엽이
아름다운 행복에 잠깁니다

행복합니다
낙엽으로 지는
곱게 물든 은행잎이

저 순결이 더없이
행복으로 아름답습니다
눈부시도록 곱게 지는 낙엽입니다

낙 조

을숙도
낙동강 물길
감싸고돌아
기름진 옥토에
가을이 살쪄간다
도심을 밀어내고
농경을 지키는데
저녁 해 노을로 물드는
강호에 곱게 달리는
선유의 한가로움에
마음을 빼앗긴 그리움
어디선가 물새 한 마리
홀로 날아오른다
강변에 선 포구나무 사이
서늘한 바람이 내게로 와
여인의 향기로 스쳐가는
을숙도의 낙조에 넋을 잃고
서녘 하늘에 피는
별빛을 그린다

칠월의 바닷가에는

푸른 물결 위에
갈매기 띄워놓고
젊음이 인어가 되어
사랑을 노래한다

파도가 밀려오는
바위틈에서
그들만의 낙원이
해조음에 실려오고

태풍이 온다 해도
그들의 지금이
행복하다

오라 칠월의 바다로
잃어버린
옛 사람아

칠월은
바다의 향연으로
눈이 부시다

일 몰

산 그림자
호수에 지고
찬바람 나뭇잎에 스치며
가을 햇살이
들국화 꽃잎 위에
떨고 있다
일몰의 외로움에
그리운 이 떠올려
노을빛에 물들이고
사나마나한 서글픔에
냉혹할 밤을 밀어내면
해는 서산을 넘고
찬바람만
길목을 쓸어 간다

낙엽 속에

산에 산에 가을 산엔
고운 잎새 갈아입고
떠나야 할 한해살이
낙엽으로 지려 하네

쓸쓸한 가슴에는
찬바람 불어와서
우리네 사랑들도
지우고 떠나려나

흘러간 세월 속에
수없이 스친 인연
모두가 허무하게
지우고 가버렸네

가을 산 단풍 속에
꽃다운 그대 얼굴
낙엽 속에 파묻히고
흔적 없이 사라진다

입 춘

어찌나
빈집에
주인 없이 서두르고
뜰을 깨워
봄을 일구느냐
산과 들이 기운 얻어
주검이 일어난다
너는 어디에서
잔망스럽게
이 아침을 놓치느냐
어서
장다리 밭에
짚북데기 걷어 내고
봄 상을 차리거라
입춘대길 큰 손님
모시도록

제4부 밤인 양 하오리다

밤인 양 하오리다

잠들면 잠들지요
잠 안 들면 그냥 눈 감고
밤인 양 하오리다

밤이 들고 날이 샌들
그런대로 거동하다
밤인 양 하오리다

살아서 살아진들
죽어서 죽음인들
매양 가는 그 세월
밤인 양 하오리다

사노라 산 일이
내세울 것 없사오니
살아 산들 아니 산들
밤인 양 하오리다

설 날

설날
지친 애들이
그믐밤을 찾아들었다가
설날 낮에 모두 떠났다
잠자던 먼지 일으켜 놓고
빈집에 오후가
느린 햇살만 들여다보며
다시 침몰하는
적멸을 훔쳐본다
어디쯤 갔을까?
떠난 모습 가득한
그림자만 더듬는다

추석 抒情

빈방에
애들 재워 놓고
빈집은
추석을 기다린다
낡은 색동옷 같은
빛바랜 세월
먼지 털어내고
묵은 한지를 깔아
햇과일 몇 알 얹어 놓고
옛 조상을 유추해
한 해의 안녕을
더듬는다
해마다 이맘때로
풍성한 가을은 오건만
마음의 가난은
세월로 더욱
남루해지고 있다

겨울 꿈

겨울 꿈을 꾼다
설피 한 켤레와
지팡이도 없이
하얀 설원에 외로움
나의 그리움을
쫓아 보낸다
지치고 쓰러질 눈 속에
내 영혼이 묻히도록
아름다운 꿈을 꾼다

푸른 물결이 출렁이는
겨울 바다에 어부처럼
육신을 던져 삶을 건져내는
거칠고 강한
나의 숨결이고 싶다
춥고 외로운 지금
그냥 두기에 서러워
겨울 꿈을 꾼다

봄

어느덧 봄꽃은 흩어지고
연초록 신록이 짙어
애타게 기다리던 그리움은
허물어진 삶의 뒤안길에
흔적도 없이 지워지구나
봄으로 고대하던 그리운 노래는
꿈으로 가득한 나의 가슴에
먼 동경의 여운으로 남고
이제 한 해 저물고
신록의 수풀로 덮어 오노라
또다시 그리움의 노래는
강물에 실려 흘러가나니
이룰 수 없는 처절한 그리움만
모진 목숨 병든 육신을 안고
아득한 봄날을 기다려야만 하네

죽음의 늪을 빠져나와

간밤에 죽음의 협곡을 지나
악몽에 시달리다 깨어나
고요한 아침 창가에 앉았다
아무도 없다 혼자이기에 더욱
호흡의 발작은 고통스러웠다
온몸이 내린 땀으로 젖어
한기에 시달리기도 하여
처절한 죽음의 사투 4시간
악몽 중의 악몽이었다
죽음의 축복이 얼마나 소중한지
다시 간절한 기도로 소망해본다
삶도 죽음도 나의 것이 아니기에
모두를 버리고
무아의 경지에 들고 싶다
죽음의 늪에서
빠져나온 지금

병동의 회상

대학병원 2513호 2인실은
도시의 소음 속에서도
평안을 유지하고 있었다
H주치의 J담당의사로
그리고 간호사의 보살핌
염려할 틈 없이 지켜주는
죽음의 삶도 걱정할 일 없는
신의 가호 속에
지극히 편안한 곳
지치고 편안한 곳
지치고 시달린 심장의 고동이
양의 숨결처럼 고요히 뛰고
세월의 흐름이 멈춰진 곳
하얀 가운으로 미소를 띤
백의천사들의 방문은
늘 열린 문으로 정다웠고
맥박을 짚어보고 숨결을
지켜보는 근심의 눈빛들이
별처럼 빛나던 병동
잔잔한 밤바다에 물결 같은
내 영혼이 요람하던 곳
지금 회상의 눈을 감는다

허 망

사람 하나 곁에 두고 싶다
이야기도 나누고 마음도 덜어내고
슬픔도 외로움도 나누고 싶다
힘들 때 지팡이 같은
작은 힘 하나 곁에 두고 싶다

오늘도 나 허공을 저어
붙들 수 없는 몸부림에
지쳐 지는 육신을 버려야 한다
언젠가는 버릴 일들이
버리는 지금 아픈 가슴이여

아무도 내게 가까이 없다
허다한 그것들은 철새처럼 떠나고
홀로 남아야 할 버림 같은 지금
아무도 내게 가까이 하지 않는다
삶은 이렇게 허망한 것일까

백내장 수술

어지간히 바라본 세상
이제 그만 덮어두자고
흰 구름 하얀 막 가리워진 것
걷어내고 다시 세상 밝게
보려고 백내장 수술을 한다

자세히 보고 싶은 것 없고
볼수록 상한 세상뿐인 것을
세상 보기 흉한 것보다
가리어 곱게 생각하는
그 좋은 세상 살고픈데

두 눈 봉창하고
촉각 두 개 세워
만져서 좋을 세상들을
사랑하고 껴안고 살고 지며
보고 만져보고 살다
눈 감고 가고픈데

낙 화

바람 결에 무너지나
나비 떼같이
흩치는
환희의 죽음, 죽음들
산산이 무너져 쏟아지는
비명 없는 아픔이여

연달아 지고 지고 흩친
앞 다투어 떨어지는
절명의 투혼이여

피고 이어지는 일이
피어난 운명이라
다그쳐
곱고 아름다운 한때를
순결에 지우는 눈발 같은
하얀 꽃잎들의 낙화

나의 영혼
수없이 지고 지고
지워서 아름다울
나의 영혼이여

기 별

가뭄에 봄비 인색한데
밤새 흩뿌린 이슬비에
목마른 나무들이 눈을 감았다

이른 봄소식 전령으로
매화꽃 바람에 흩치면
봄인가 하여 뜰에 나선다

물안개 자욱한 울 너머로
바람이 살짝 밀어간 자리
장다리 꽃대가 한 뼘이나 자랐네

검은 그림자

차츰 다가서는
검은 그림자
숨가쁘게 조여드는
쇠퇴한 심장으로
아직도 버티는 푸른 갈망은
서슬이 푸르도록 삶을 다문다
잠시라도 이루고픈
순박한 그리움은
세상에 풀어 낼 길이 없어
가슴으로 조여드는
아픔인가
지금도 다가서는
검은 그림자에
절규는 서슬이 푸르도록
버티고 있다

나도 가리

가네 가네
잘도 가네
버리고 가는 듯이
팽개치고 가는 듯이
바람처럼 밀어가며
강물처럼 연달아 가네

두고 가면 서러울까
제 홀로 가벼운 듯
가도 가도 허물없이
가벼워라 가는 것아
홀가분히 가는 것아

나도 가고 너도 가고
저처럼 가고파라
사노라 실없는 것을
지우고 가고파라
바람처럼 물길처럼
구름처럼 가고파라

적막함에

고양이라도
울어줄
소리 그립다
적적한 겨울 날수들은
봄을 태동하기에 아득한 지금
산새 한 마리도
지저귀지 않는다
나 두고 간 그이 소식 없고
자주 찾아들던 벗들도
늙어간 지금에는
내 아이들마저
내 집 허물 벗고
도시에 길들여진
여기 종일 소리 없는
햇살 드나들고
간혹 기죽은 바람 스치곤
낮과 밤이 번갈아
나의 침실을 지키나니
아 적적함이여
팔순의 인생에
버림 같은 침묵이여

침묵일 뿐이다

침묵은 세월이 아니다
침묵일 뿐이다
거동도 삭임도 없는 침묵에는
보냄도 맞음도 없다
침묵에는 세월이 가지 않는다
다만 있음으로 침묵하는 거다
잠든 가슴을 깨우고
희망에 불을 지필 때
비로소 세월을 사는 거다
죽음이여 침묵이여
사랑하는 세월의
아름다움이여
살아 사는 사람들의
아름다운 세월이여
침묵은 세월이 아니다
침묵일 뿐이다
세월이 간단들
나는 세월을
보내지 않느니라

빈 하늘과 그림

벽이 두텁다
그것들은 거리를 두고
창으로 가리웠다
소리 없이 들리는 눈으로
늘 목 뽑아 기다리는
파란 하늘 한 조각
갈증의 그리움으로
헐어두었다
색조 없이 눈으로 그리는
마음의 그리움을
하늘에 그리다
그리다 지운다
오늘도 주어진 창문과
빈 하늘 한 조각
걸어두고

소 외

아서라 소용없어
둘 것 하나 없어
뿌리치고 버려봐도
돌아드는 아픔이여

밤낮을 가려놓고
외로움만 끌어안고
세월을 보내려니
삶도 어찌 더디느냐

따뜻한 숨결 그리워
부러운 듯 바라보는 거리에
무슨 연유들로 모두
저리 기쁘고 행복한가

歸巢

돌아간다
형벌의 본향으로
우선 머물 수 있는 곳을
나그네로
객차에 몸을 싣고
삶의 형벌 같은
수용소 가는
무기수가 되어
불 꺼진 창 안에
침묵이 가득한 어둠 속으로
나의 지친 영혼을 던지고
침잠하는 삶의 무게로
빠져들 거기
거기가 나의 안식인 양
외로운
나의 길을
가고 있다

세 월

하루
다가서고
내일로 간다
가도 가도
그 하루
다가서는 날
세월은 다가서도
끝이 없는
내가 멎을
그날만
다가온다

표류의 삶

어진 외손자
장가드는 날
외할배 먼 변방에서
그들의 결혼을
축복으로
기도 드린다
그만큼 늙었겠다
밀려난 표류의 삶이
어느 무인도에 떠밀린
파선 조각처럼 쓸모없다
그들의 세상을 열어주고
먼지처럼
날려 떠날
가벼움에 바람을 탄다
끝없이 흩날려 가는
표류, 표류다

장님이 되어

차라리 눈을 감아라
아무것도 보이지 않게
장님의 세상에서
방황하게 하라
눈뜨고 슬픔에 우느니
눈 없이 더듬게 하라
봐도 봐도
이 세상 허무는 없나니
어쩌자고 너만
거기서 우느냐
이리로 오라
나와 같이 장님이 되어
어둡게
어둡게
삶을 더듬어가자

까치의 소란

겨울나무 가지 끝에
까치 와서 울어댄다
이른 아침 첫 기별이
은행나무 가지 끝에
소리쳐 떠들어댄다

범상치 않은 기세로
스산스런 까치란 놈
기별 같은 지저귐에
오는 봄은 봄이려니
오실 임도 오시련가

겨우살이

겨울나기가 쓸쓸해도
겨우살이는 헐벗어서 좋다
가난한 아름다움에 모두가
조용하고 겸손하다

말없이 헐벗는 나무들에
아름다운 변신의 낙엽처럼
욕망의 집착들을 벗겨다오

죽은 듯이 살아가는 풀잎같이
억새의 몸짓에 영혼의 노래로
삶을 노래하련다

추위에 시달려도 봄이 온다는
믿음에 침묵하는 저 기도를
겨우살이가 환생의 꿈으로
참고 견디듯이

상한 가슴도 지펴
다시 사랑을 깨우련다
겨우살이가 쓸쓸하고
겨울나기가 고독한 지금

강물로 띄워

곱고 아름다운 그 노래는
버들잎에 실리어 흘러갑니다
강물로 흘러 흘러갑니다
쉬엄 쉬다 쉬다 흐르겠지요
물길 위에 떠도는 풀잎에도
그리움에 저민 아픔 있음을
가여워 곱게 여겨 주소서
여울여울 춤추는 버들잎 따라
사는 세월로 흘러갑니다
곱고 아름다운 그 노래는
지워도 못 지울 가슴입니다
강물에 띄우는 버들잎마냥
조각조각 가슴 찢어 띄우렵니다
곱고 아름다운 그 노래는
여울여울 춤추고 흐를 겁니다
죽도록 춤추고 흐를 겁니다

그림자

언제나 너는 내 곁에 맴돌고
일정한 그리움의 거리에서
삶을 비껴가는
훈훈한 바람이었다

사람들이 다투어 살아가는
거리에도 없이
한적한 곳 한가로울 때
그림자처럼 따라다니며

아름다운 날에 슬픈 이야기로
꽃잎처럼 날려
향기로움으로 다가와
바람처럼 비껴가고 있었다

밤이면 창밖에서
소곤대고
잠들면 꿈속에서
아름다운 날의 슬픈 이야기로
곱게 다가와 가슴에 살고 있었다

나비로 날고파라

노란 장다리 꽃밭 위로
너울너울 춤추는 날갯짓 따라
나비의 세상을 따라가고파라
어디서 왔다가 어디로 가든지
묻지 않고 따라가고파라
장다리꽃에 앉아 쉬어가며
꽃 속에 고운 꿈 이야기들로
노란 가슴 물들도록
나비의 꿈을 따라가고파라
너른 들 푸른 보리밭 사이
장다리꽃들이 피어 있는
봄 천지에 나비로 날고파라
매화꽃에 앉았다 개나리도 만나고
우리 님 오시는 길에
장다리 꽃길로 날고 싶어라

올봄으로 오실 이

버들강아지 눈떴다
오리나무 물오르고
가지마다 푸른 눈튼다
개울물 춤추고 덩달아 흘러
봄은 그렇게 스며드는데
몰래 가슴에도 훈기로
봄은 오는데
다시 오는 봄이여
봄으로 오시마던
나의 사랑아
한길로 오시려나
강둑길로 오시려나
매화 향기로운 비탈길에
구름 너울 쓰고 오시는 이
기다리는 마음의 먼발치에
서성이는 아지랑이 속에
하얀 버선발로 오시는 이
설레는 가슴으로
기다립니다

길 없는 길

길은 수없이 열려
봄기운 실려 오는데
어디로 가야 너를 만나리
매화 피는 언덕길
개나리 꿈꾸는 강둑으로
진달래 치장하는 숲 속
모두가 바쁜 듯이 거동하는데
나는 어디로 가야 너를 만나리
새벽은 밝아 아침해 오르고
강물은 흘러 여울져 가는데
가슴은 불타고 발길을 멈춰
이룰 수 없는 그리움에
열린 하늘 트인 들길
어디고 내 가야 할 길
아득하고 이를 길 없어
봄의 향연을 슬피 우는
길 잃은 산새마냥 외로워라

거기 두고

가지느니
거기 두고
그리워서 좋은 것아

변덕스런 마음이사
가진 것에 싫증 내고
가지고도 더 가지려
그 욕됨이 더러워라

두고 가려니와
그냥 두고 가리다
그립고 아름다운
그 마음 가져가리

가지느니
거기 두고
그리워서 좋은 것아

봄이야 오겠지

봄이야 오겠지
눈 덮인 겨울 들판에는
겨울이 길단들
한 철인 것을

봄이야 오겠지
봄이야 오면 새순 돋아 오르고
가지가지 꽃들은 피어나서
아우러져 모두가 즐거운 것을

봄이야 오겠지만
기다리는 마음은 서러운 것을
오마 하고 아니 오시는
사람의 일이란 기약 없어
봄이 온단들 서럽습니다

봄이야 오겠지만
그대 기다리는 가슴에
봄날은 더더욱
아득합니다

어찌하리

가을빛이 눈부시게
색동옷에 화사하다
가을 향기 저며드는
가슴속에 그리움아
가을 가면 어찌하리
가을 가면 또 어찌하리야
계절이야 다시오며
다시 피고 다시 지고
또다시 가을이야
옛대로 오리오만
이 가을로 가는 나를
어찌 다시 어쩌리오

허수아비로도

지금은
모두가
알알이 영그는
계절
들판에 선
허수아비로도
행복할 것을
나는 어디서
너를 위해
외발
허수아비로 설거나
서늘한 바람을 맞으며
벙거지 하나 눌러쓰고
양팔 뻗은
허수아비로도
행복한 계절
나는 어디서
그대 위해
허수아비로 설거나

사월이여

사월
또 아쉬운 눈물 흘릴지라도
이 무한한 약동의 천지에
이 영혼의 환희에 춤추리라

살아나는 것들의 여린 풀잎
연둣빛 물드는 신록의 초록
태양과 눈맞춘 자연의 섭리
이 세상에 축복으로 충만하고

나도 나의 삶의 은혜로움에
사월의 뜨락에 뿌리내리련다
너와 나의 삶이
행복하고 자유롭도록
사월의 천지에 꽃피우련다

꽃이여 가진 꽃이여
아름다운 꽃이여
피고 시들 그 허무의 자리라도

나와 너 곱게 피고 지려마…

사랑하는 사람이여
가여운 꽃이여

달이 좋아서

달이 좋아서 더더욱 그립습니다
가을 깊어도 푸른 밤하늘
홀로 띄워놓고 쓸쓸합니다

곱고 아름답게 둥근 것은
차마 당신으로 선연합니다
불러서 가까이로 올 듯합니다

깊은 밤이 저무는 것도
당신을 사모키에 한량없고
밝은 달덩이로 배웅합니다

달이 밝아서 더욱 그리웁고
달이 좋아서 더욱 선연하고
달이 밝아서 더욱 외롭습니다

이 상

그때

내리꽂힌

작살

세월의 마목으로

뽑히지 않는

그리움

가슴에 안고 갈

저주의 운명 하나

곱게 간직하려

침묵하는

한 생애

그 얼굴

눈을 감아도
눈을 떠도
눈에 보이는 그 얼굴
창가에 서성이고
사립을 드나들며
들리듯 부르다 사라지는
그 얼굴 그 음성
밤이면
별들에 새겨진
그 눈동자
잠 못 들어
깜박이는
초롱한 눈빛
가까이 오지 못해
애타는 듯 멀리
밤새도록
깜박입니다

이 별

곱게 흩치는 꽃잎마냥
어둠에 나부끼는 손짓이여
떠나는 마음에도 그리 아파라

다시 만난다 해도 이 서러움
봄바람 타고 지는 꽃잎같이
이별은 곱게 지는 아픔인 것을

어둠이 깔린 새벽길 위로
무겁게 깔리는 발자국만 남겨
저리로 먼 모습 사라지나니

오늘도 우리 서러워 우는
아름다운 이별의 추억 하나
가슴에 새겨두고 살아야 합니다

시월상달

푸른 밤하늘 깊이로 뜬
시월상달 보름달이
젊은 나이로 다가서는
얼굴에 가슴 멘다

우마 하염없이 눈물로
달을 적시련다
내가 젖는다 무상이여
너도 한갓 삶의 유형

지금을 시달려 지친 그리움
돌이킬 수 없는 기억으로
너는 어디서 다시 뜬 얼굴로 하여
시월상달에 뜬 둥근 달이여

우마 하염없이 울어
그리움을 적시련다
이 밤이 다 가도록
사랑은 쓰라린 고통이라고

너는 모르리

허구한 날
허기 달래려 끼니 앞에 앉는다
처절한 삶의 쓴맛을
되새김질하는
설움의 눈물이
얼마나 아름다운 고독인가
체험하지 않고서야
어찌 행복을 아랴
절실한 동반의 그리움에
목멘 쓰디쓴 눈물로
끼니로 채우는 허기진 삶을
달래는 불행
다정 유정이 얼마나 아름다운
그리움인가를 너는 모르리

조각달

순금의 빛을 잃고
그을려 병든 달이
여름밤
도시 위로 외롭습니다
늙고 여윈 사랑의
보헤미안
처량한 하늘
방랑자가 되어
빛 잃은 문명의 배반같이
홀로 떠도는 저 유랑을
거리의 화려한 네온빛에
눈여겨 돌보는 이 없습니다
아! 그리운 이여
허물어진 인생에
연민이여
우리의 사랑도
빛바랜 그리움같이
먼 기억으로
녹슬고 있습니다

어쩌리오

어쩌리오
나스럽게 사렵니다
캄캄한 어둠의
침묵 속에서
생명의 불씨 하나
가슴에 안고
아직도 그대를
사랑하는 것을
외롭고 힘들어도
천성이 되어
참혹한 지금을
나의 것으로 사렵니다
누군가 위해 마지막
나의 것으로 던져주고
그대 영원한 행복인 것을
나의 것으로 삼으렵니다
지금도 아직 따듯한 가슴에
불씨 하나 꺼지질 않고
사랑하고 싶은
그리움이 있습니다

나도 한 점 떠돌아

너른 하늘 뜬구름에
한 점 나도 떠돌아라
바람 불면 부는 대로
밤낮없이 떠돌아라

밤이면 별들의 이야기
달 뜨면 달같이 기울고
해 뜨면 눈부신 광채
온몸에 두르리라

높은 산에 걸리우면
갈기갈기 찢어져서
푸른 솔 높은 가지에
걸어두고 홀로 가리

너른 하늘 뜬구름에
한 점 나도 떠돌아라
우리 님 그려두고
이 설움 어찌하리

생 각

거침없는 허공
허공 위에 구름을 탄다
어디서 언제쯤
만날 것 같은 예감에
늘 그리움은 마음에 일고
바람을 탄다
날개도 없이
보이지 않는 것이
눈을 감아도 보이는 것은
어디 있는 것일까
푸른 하늘에 그려진 그림
붓도 없이 그려놓은
먼 그리움은
언제 누가 그려준
그리움이던가
흘러내릴
서러움이 인다

나 안에 나

나 안에 나여
소리 내지 마
모진 아픔에도
소리 지르지 마
운명의 길에서도
구설을 잊어라
생각은 깊은
더욱 깊이
영원한 침묵으로
내 안에 나를 가둬
그 흔적마저 지워라
그대 사랑하기에
아픈 세월
지울 수 있다면
내 안에 나를
지우고 가리

한 뼘 하늘에는

비좁은 도시의 건물 사이로
한 뼘 하늘 열어 놓고
푸른 하늘 좁은 곳에
늘 그리움 그려두고 삽니다

세월에 지친 얼굴
주름진 눈썹에 덮이고
돈짝만 한 세상을 내다보고
파란 하늘을 그립니다

건물 사이로 비집고 든
아침 햇살이 잠시 머문
눈부신 태양의 광채에
그리운 이 더욱 찬란합니다

비좁은 도시의 건물 사이로
비집고 드는 삶의 그리움
한 뼘 하늘에 늘 그리는
파란 가슴 하나 그려둡니다

봄날의 것으로

겨울엔
겨울잠을 자자
두더지처럼
욕망의 몸짓을 멈추고
그리움의 기다림은
봄으로 두고 살자

유충처럼
삶의 골방에서
세상을 잊고 행복도 잊고
심장 하나 맥박 돌리고
슬픔이나 고독 따위로
봄날을 깨우자

아! 지금은 겨울
그대에게 겨울의
편지를 쓰나니
그대 우리의 사랑도
겨울로 지체하는

침묵의 것으로
봄날에 피는 고운 사랑
꿈꾸는 것으로 쉬게 하자

저리로 가리

내 저리로 가리
가을 동상 억새밭을 헤치고
가을꽃이 지천으로 핀
가을 길을 열고 가리

물안개 서린 골짜기를 지나
햇살 퍼지며 도라지꽃 향기로운
상수리나무 노란 숲 사이로
다래 으름 익어 터지는 곳

거기 있을 당신의 모습
꿈같이 만나 회우하는 곳
가을바람이 옷깃 스며
삶이 시원하고 풍요로운 곳

내 저리로 가리
미친 듯이 달려가 그대 만나면
가을 단풍 가슴에 안고
뜨거운 사랑에 입 맞추리

귀뚜라미

어디선가
깊이 숨어
밤을 울어 새우느냐
잃은 것이 무엇이며
구할 것이 무엇인가
실없는 것들에
원통한 탄식이면
지워 거둬 멈추어라
찢어질 목숨 소리
애타도록 서러워라
가을밤 어둠 속에
숨어들어 우는 것아
못 울어 잠 못 드는
이 마음 더욱
애달파라

헐벗은 들판에서

헐벗은 들판으로
오솔길 하나
누워 있다
떠난 이 이미 저리로 간
빈 길가에
억새들이
바람에 나부끼고
풀꽃들이 메말라
겨울로 든다
모두는
침묵의 깊이에서
봄을 기다리는
시늉을 하고
죽음 아닌 죽음의
꿈을 꾼다
새로운 희망에로 기대하며
살아남을
생명을 틀어 안고
대지와 더불어
잠들려 한다

결코 결코 버릴 수 없는
뜨거운 가슴 하나
나에게도 봄을 기다리는
침묵이 흐른다

봄날에 오시오

봄날에는 오시마 하여
오시오 참말로
따사로운 햇살에
윤나는 신록의 융단 위로
봄을 깔아 드리우리다

아무것도 없이 그냥
봄이 흩치는 꽃잎 아래
눈부시도록 아름다운
당신의 마음 풀어놓으시도록
곱고 아름다운 부드러움에
취하여 깊이 잠드시게

봄바람 일으켜
버들가지 흔들어
봄 향기 풀어 서린
봄날에 살으시옵소서
봄날엔 오시마 하여
오시오 참말로
푸른 수풀 새로운 융단 위로
봄을 깔아 드리오리다

교 가
작 사
모 음

고현초등학교

신현초등학교

양지초등학교

중곡초등학교

거제 고현초등학교 교가

원신상 작사
김명표 작곡

신현초등학교 교가

원신상 작사
제병문 작곡

양지초등학교 교가

원신상 작사
박홍규 작곡
1.양 지 산 ㅡ 품 에 안 겨 아 담 한 터 에
2.가 르 치 는 배 ㅡ 움 을 몸 ㅡ 소 익 혀
튼 튼 하 게 자 라 나 ㅡ 는 새 ㅡ 싹 ㅡ 들
배 려 와 ㅡ 섬 김 으 ㅡ 로 서 로 도 우 며
아 름 다 운 이 고 장 꿈 을 키 우 는
평 화 로 운 세 상 을 열 어 나 ㅡ 갈
새 시 대 열 ㅡ 어 ㅡ 갈 희 망 찬 우 리
힘 차 고 슬 기 로 ㅡ 운 희 망 찬 우 리
날 로 날 로 자 라 ㅡ 라 지 혜 를 더 해
바 르 고 굳 센 우 리 양 지 어 린 이

중곡초등학교 교가

원신상 작사
박홍규 작곡
보통빠르기
1.계 - 룡 산 정 기받아 아-담히터를잡- 은
2.수 - 월 천 구 비구 비 맑게돌아흐 - 르 - 고
새 - 시 대 열 -어 갈 우리들의배 움 의 집
따 - 뜻 한 사 -랑 이 함께모여서 리 는 곳
정 의 와 진 리 로 배 - 우 고 익혀 가 는
섬 기 고 화 목 한 아 름 다 운 배 움 의 집
앞 날 의 평 화와 자 유 그 -길 잡이 로 다
성 실 과 정 직으 - 로 우 리겨 레받 드 리
여 기는 우 리의 터전 배 움 의 요 람
날 로날 로 자라 나는 중 곡 어 린 이

경남시인선 127

강물로 띄워

펴낸날 | 2009년 9월 15일

지은이 | 원 신 상
펴낸이 | 오 하 룡
펴낸곳 | 도서출판 경남

주소 | 631-430 마산시 서성동 66-18
연락처 | (055)245-8818~8819/223-4343(팩스)
홈페이지 | http://www.gnbook.com
이메일 | gnbook@empal.com
등록 | 제2호(1985. 5. 6.)
편집팀 | 오태민 | 심경애 | 구도희

ISBN 978-89-7675-577-3-04810